Stefanie Holubek

Grundlagen der Montessori Pädagogik

Diplomarbeit

„Das Interesse des Kindes hängt allein von der Möglichkeit ab, eigene Entdeckungen zu machen."

Maria Montessori

Inhalt

1. die sensiblen Phasen....................... Seite 5
    1.1 Der absorbierende Geist
    1.2 Erste sensible Phase 0-6
    1.3 Zweite sensible Phase 6-12
    1.4 Dritte sensibel Phase 12-18

2. Freiarbeit - FreieWahl................ Seite 23
    2.1 Die Pädagogin in der Freiarbeit
    2.2 Die freie Wahl der Arbeit
    2.3 Die freie Wahl des Ortes
    2.4 Die freie Wahl des Partners
    2.5 Polarisation der Aufmerksamkeit

3. Vorbereitete Umgebung............ Seite 39
    3.1 Ordnung in der Vorbereiteten Umgebung
    3.2 Soziale Umgebung
    3.3 Die Rolle der Pädagogin in der Vorbereiteten Umgebung

4. Entwicklungsmaterial.................. **Seite 62**
    4.1 Darbietungen
    4.2 Die Übungen des täglichen Lebens
    4.3 Übungen des sozialen Lebens
    4.4 Sinnesmaterial
    4.5 Sprachmaterial
    4.6 Mathematikmaterial
    4.7 Kosmische Erziehung

5. Literaturverzeichnis..................... **Seite 91**

Herstellung und Verlag:
BoD - Books on Demand, Norderstedt
ISBN 978-3-7322-9855-6

1. Die sensiblen Phasen

Eine sensible Phase beschreibt die selektive Wahrnehmung. Das Kind ist auf bestimmte, für seine momentane Entwicklung wichtige, Lernerfahrungen fixiert. Die selektive Wahrnehmung blendet das unwichtige in seiner Umgebung aus.
Das kindliche Lernen ist nicht mit dem eines Erwachsenen vergleichbar, und wird daher nach Maria Montessori als "absorbierender Geist" benannt. Der absorbierende Geist benennt das psychische, nicht intelligente Absorbieren der Erfahrungen. Zur gezielten Unterstützung der kindlichen Entwicklung kreierte Montessori die Entwicklungsmaterialien. Diese Materialien helfen dem Kind in der angepassten Vorbereiteten Umgebung sich in seiner Selbsttätigkeit und Freiheit dem Alter entsprechend zu entwickeln.

1.1 Absorbierender Geist

- Erwachsene nehmen ihr Wissen mit Hilfe der bewussten Intelligenz auf (zielorientierte Freude bei der Arbeit)

- Das Kind absorbiert mit seinem psychischen Leben
(qualitatives Anderssein der frühkindlichen Intelligenz und ihrer Aktivitäten)

- Nutzung der sensiblen Phasen hängt von den Erfahrungen ab, die einem Kind in seiner Umwelt ermöglicht werden und die es auch nutzen kann. Zur optimalen Unterstützung schuf Maria Montessori ihr Entwicklungsmaterial.

"Daher vertrete ich die Meinung, dass jede Erziehungsreform auf der Entwicklung der menschlichen Personalität basieren muss. Der Mensch selbst sollte Mittelpunkt der Erziehung werden. Man muss sich stets vor Augen halten, dass der Mensch sich nicht an der Universität entwickelt, sondern dass seine geistige Entwicklung bei der Geburt beginnt. Und in den ersten drei Jahren am stärksten ist.

Diesen ersten Jahren gebührt mehr die wachsamste Sorge. Hält man sich streng an die Regel, so wird das Kind keine Mühe mehr machen, sondern es wird sich als das größte und trostreichste Wunder der Natur offenbaren. Wir werden somit nicht nur ein Kind vor uns haben, das als kraftloses Wesen betrachtet wird, so etwas wie ein leeres Gefäß, das mit unserem Wissen vollgestopft werden muss, sondern es zeit sich vor uns in seiner Würde, in dem wir den Schöpfer unserer Intelligenz erblicken, ein Wesen, das, geleitet von einem inneren Lehrmeister, voll Freude und Glück nach einem festen Programm unermüdlich an dem Aufbau dieses Wunder der Natur, dem Menschen arbeitet.

Wir sind aufnehmende ; fühlen uns mit Eindrücken und behalten sie in unserem Gedächtnis, werden aber nie eins mit ihnen, so wie das Wasser vom Glas getrennt bleibt. Das Kind hingegen erfährt eine Veränderung: Die Eindrücke dringen nicht nur in seinen Geist ein, sondern formen ihn.
Die Eindrücke inkarnieren sich in ihm. Das Kind schafft gleichsam ein "geistiges Fleisch" in Umgang mit dem Dingen seiner Umgebung.

Wir haben seine Geistesform absorbierenden Geist genannt. Es ist schwierig für uns, die Fähigkeit des kindlichen Geistes zu begreifen, aber es handelt sich zweifellos um eine privilegierte Geistesform."

---

[1] Montessori Maria, das kreative Kind, Der absorbierende Geist, Herder, 1991, S 23

1.2 Erste sensible Phase - 0-6 Jahre
(Lebensschritte alle 6 bis 7 Jahre)

1. Unterphase 0-3 Jahre "unbewusster Schöpfer"
(Zeit des unbewussten, nicht willentlichen Lernen)

1. Sensibilität für Bewegung und Motorik

- Handmotorik
- Gleichgewicht
- Bewegung durch den Raum

2. Sensibilität für Sprache

- Enge Verbindung mit dem Gehörsinn
- Absorbierung anfangs nicht nur durch die unbewusste Intelligenz sondern auch visuelle Beobachtung des Sprechenden

3. Sensibilität für Ordnung (Orientierungsfunktion)

- Äußere Ordnung: Anreiz zum Handeln (Zeitlich und Räumlich) Bedürfnis nach einer überschaubaren und fest geordneten

Umgebung,

- Innere Ordnung: Erkennen von Beziehungen

- Nicht mit der "Ordnung" Erwachsener vergleichbar

Die Phase von 0-3 gilt als Phase der "Indirekten Erziehung", da die kindliche Entwicklung in dieser Zeit als nicht direkt beeinflussbar gesehen wird. Da das Kind seine Umgebung absorbiert, ist hier ein geordnetes und angepasstes Umfeld wichtig.

2. Unterphase 3-6 Jahre

Entwicklung zum bewussten Arbeiter

- Entwicklung des Bewusstseins durch Aktivitäten in der Umgebung

- Vervollkommnung und Anreicherung gemachter Errungenschaften

- Soziale Integration

- Sprache verfeinern

In dieser Zeit üben die Kinder das "Miteinander" und die Sprache.

"Kleine Kinder zwischen drei und sechs Jahren haben eine besondere Psychologie. Sie sind voller Liebe. Ohne Liebe sind sie nur, wenn man sie schlecht behandelt. Wenn man schlecht mit ihnen umgeht, so ändert sich ihre wirkliche Natur. Sie sind selbst voller Liebe, und sie brauchen Liebe, um Aufzuwachsen. Alle natürlichen Mütter lieben ihre Kinder, und so erhalten die Kinder die Liebe, die sie brauchen. Die Liebe der Eltern ist die Sicherheit dieses

Alters. Ihre Lebensfreude hängt davon ab, dass alle Menschen um sie herum einander lieben. Dieses Gefühl der Sicherheit, das aus der Liebe ihrer Eltern kommt, ist auch notwendig für ihren Erfolg in der Schule. Kinder einer eigenen Familie sind sehr erfolgreich. Kleine Kinder brauchen das Gefühl, dass ihre Eltern ohne sie nicht leben können und dass, wenn sie selbst nicht lieb sind ihre Eltern leiden..."[2]

---

[2] Montessori Maria, das kreative Kind, herder 1991 S 20

Meine Erfahrungen

Kinder in dieser Altersgruppe benötigen viel Sicherheit und Zuwendung. Sie erlernen erst die Dinge, die wichtig für das leben in einer Gemeinschaft sind.
Ich versuche ihnen den bestmöglichen Start ins Leben zu geben und hoffe ich bereite sie auch gut auf das lernen in der Schule vor. Das Lernen fällt den Kindern in dieser Altersgruppe sehr leicht, solange sie nicht von Außen unterdruck gesetzt werden. Einige Eltern setzten zu hohe Erwartungen an die Kinder, sodass diese total verweigern und kaum zu Material greifen. Doch meist hilft ein Gespräch mit den Eltern, oder dem Kind das Gefühl von Geborgenheit zu vermitteln.

Da Liebe und Schutz notwendig für dieses Alter sind, so muss das religiöse Gefühl Liebe und Schutz ausdrücken. Die Idee, dass Gott uns liebt, ist genau die richtige, die das Kind versteht. Das kleine Kind liebt den Gedanken, dass Engel um uns sind und über uns wachen. Und dass, wenn es traurig ist oder unglücklich, Gott das weiß. Kinder sind voller Liebe für uns...[3]

---

[3] Montessori Maria, Gott und das Kind, herder 1991 S 103 ff

1.3 Zweite sensible Phase 6-12 Jahre

- Stabil

- moralische und soziale Sensibilität
  - Beurteilung eigener und fremder Handlungen nach Gut und Böse
  - Probleme der Gerechtigkeit
  - Konkretheit moralisch-sozialen Handelns

- Perfektionierung von Bewegung und Sprache

- Bedürfnis nach Erweiterung des Aktionsbereiches

- Auch sozial neue Beziehungen

- Übergang des kindlichen Geistes zur Abstraktion Sensibilität für Vorstellungen (Keim des Wissens)

- Entstehung moralischen Bewusstseins in Verbindung mit dem sozialen

- Innere Sensibilität: Gewissen - Gerechtigkeit

- *Organisation kindlicher Gesellschaft*:
    - Freiwillig,
    - Gefolgschaft,
    - Regeln
    - dem Befehl des eigenen Gewissens unterstellen

  (sich selbst, einem "inneren Führer" gehorchen)

In dieser Zeit entwickelt sich das moralische Bewusstsein: der "Innere Führer", der das Kind zum Meister seiner selbst formt.
Der Übergang des kindlichen Geistes zur Abstraktion: Die Zeit von 6 bis 12 Jahren ist eine Art Sensibler Periode der Vorstellungskraft. In dieser Zeit wird der "Keim für die Wissenschaften" gelegt.[4]
"Die Rolle der Erziehung besteht darin, das Kind tief zu interessieren an einer äußeren Aktivität, an die es sich mit all seinen Fähigkeiten hingibt.

---

[4] Montessori, Maria: Von der Kindheit zur Jugend. - Freiburg/Br. 1973, S. 51
Montessori Maria: Kinder sind anders. Deutscher Taschenbuch Verlag 1988, 2. Aufl.
Harberl Herbert: Montessori Pädagogig, Beiträge zu Theorie und Praxis, Jugend und Volk 1994, S 64 ff

Es handelt sich darum, ihm Freiheit und Unabhängigkeit zu geben, indem man es für eine Wirklichkeit interessiert, die es dann durch seine Aktivität entdeckt. Das ist für das Kind das Mittel, sich vom Erwachsenen zu befreien."[5]

---

[5] Montessori, Maria: Von der Kindheit zur Jugend. - Freiburg/Br. 1973, S. 37

Förderung und Unterstützung gezielt möglich durch:

- *Entwicklungsmaterial*

- *Gemeinschaft des Kinderhauses*
    Prinzip: "Erfahrungen in der Umwelt"
    Ermöglichen für die selbsttätige
    Entfaltung schöpferischer Energien
(Sensibilitäten)

- *Prinzip für Förderung der Sacheinsicht*
    Meditation am Detail: Das Ganze geben,
    Indem man das Detail als Mittel gibt
    = Weg zur Wissens- und
- Gewissensstrukturierung

- *Prinzip der Förderung von Moral- und Sozialeinsicht durch Handeln:*
Konkretisierung des moralischen Bewusstseins im Zusammenhang mit dem sozialen.

"Beachten sie die verschiedenen Phasen der Seelischen Entwicklung. Mit sieben Jahren besitzt das Kind eine andere Physiologie. Es ist nicht mehr so abhängig von der Liebe seiner Eltern. Es will unabhängig sein. Es ist an der Unterscheidung zwischen Gut und Böse interessiert. [...]
Das Kind hat jetzt ein Verlangen nach klarer Unterscheidung. Es besitzt eine natürliche Tendenz nach klarer Unterscheidung.
Das normalisierte Kind achtet sehr darauf, nichts Böses zu tun. Wenn ein anderes Kind etwas tut, von dem es denkt, es sei nicht recht, so geht es zum Lehrer und fragt danach. Der Lehrer denkt vielleicht es petzt, aber es kommt wirklich wegen der Frage, ob die Handlung Gut oder Böse ist. Und wenn der Lehrer ihm das sagt, ist es zufrieden."[6]

---

[6] Montessori Maria, Gott und das Kind, herder 1991, S104

MEINE ERFAHRUNGEN

Als ich selbst in diesem Alter war, war meine Aufmerksamkeit sehr auf Ordnung und Regeln gerichtet. Wenn ich bei meinem Vater im Auto mitgefahren bin, kontrollierte ich immer die Geschwindigkeit des Autos. Auch wenn er nicht angeschnallt losfahren wollte, wies ich ihn auf die bestehenden Regeln hin.
Auch wenn es für Erwachsene oft sehr schwer ist, sich die Regeln von Kindern aufzeigen zu lassen, sollten sie die Hinweise ernst nehmen, denn die meisten Erwachsenen können von den Kindern viel lernen.

1.4 Dritte sensible Phase 12 - 18 Jahre

- labil

- soziale Sensibilität verbunden mit Bedürfnis Selbstständigkeit im sozialen Beziehungsnetz zu entwickeln.

- Zustand der Erwartung und Bevorzugung schöpferischer Arbeiten

- eigene Strukturen werden gebildet

- Physiologische Labilität (Bedürfnis nach Schutz und Geborgenheit)

- Rolle des Menschen in der Gesellschaft zu begreifen und ergreifen

- Stärkung des Selbstvertrauens zur Förderung der Sensibilität für Selbstwert und personale Würde

In dieser Altersgruppe haben die Jugendlichen den Hang zur schöpferischen Selbstgestaltung. Die Entwicklung des Selbstvertrauens ist abhängig von Anerkennung und Aufmerksamkeit der Umwelt, was sich wiederum auf den Erfolg auswirkt.

Förderung und Unterstützung gezielt möglich durch:

-studieren und erkennen durch
Handeln
Nachdenken
Meditation an einem institutionalen Detail

Erfahrung als Grundlage für Reflexion und Einsicht = Einsicht für verantwortliches Handeln

-Gewährung sozialer Anerkennung (=Herausforderung) im Sinne der Achtung durch Erzieher
(Schule = ernstzunehmende Arbeit)
(Handarbeit= Sinn/Arbeit, z.B. Moped reparieren)

-eigene Meinungsbildung
-Integration -Schwächen zeigen können

MEINE ERFAHRUNGEN

Manche Eltern sehen diese Phase der kindlichen Entwicklung als die schwierigste an. Die meisten jungen Erwachsenen in diesem Alter wollen rebellieren und testen die Grenzen wie schon in früher Kindheit aus. Ich denke wenn man ihnen mit Respekt, klaren Grenzen und Anerkennung entgegen kommt, haben sie nichts, wogegen sie sich zur Wehr setzten müssen.

"Wir müssen nämlich bei allem, was wir für das Kind tun wollen, es so tun, dass wir selbst als Person am wenigsten ins Gewicht fallen und in allen Handlungen, in der ganzen Handlungsweise des Erwachsenen."[7]

---

[7] Montessori Maria, Gott und das Kind, Herder 1991, S 85

2. Freiarbeit- freie Wahl

Freiarbeit ist eine Form des Lernens, die sich an den individuellen Bedürfnissen des einzelnen Lernenden ausrichtet und einen Prozess selbstständiger Arbeit ermöglicht. Freiarbeit ist selbstbestimmtes Lernen und zählt zu den Konzepten des Offenen Unterrichts. Die Freiarbeit ist keine beliebig hantierbare Methode, sondern kommt nur in einem klaren pädagogischen Begründungszusammenhang sinnvoll zur Geltung.

Es gibt keine angeordneten Pausen. Die Kinder entscheiden selbst, wann sie Jause essen, oder auf die Toilette gehen.

"Die Freiheit an sich bedeutet nichts-: Sie ist etwas Ungeformtes-
   sie ist der erste Teil des Ganzen;
Die Vorraussetzung einer Folge-
Frei ist man- von etwas
Oder
Zu etwas
Ohne dieses von etwas -oder zu etwas-

bedeutet das Wort Freiheit nicht.
Es gibt daher eine Wahl- und dann die Ausführung.
Die Ausführung ist eine komplexe Realität, die zu ihrer Vollbringung Bestimmte und genaue Mittel verlangt und eine mehr oder weniger schwere und lange Übung, entsprechend dem Ziel, das erreicht werden soll.

Je mehr Freiheit den Gesetzen des Lebens entspricht -desto mehr ist es möglich, die Übung zu vereinigen mit der Hingabe an Gott.[8]

---

[8] Original Text Maria Montessoris nach den Erfahrungen in San Lorenzo

2.1 Die Pädagogin in der Freiarbeit

Die Pädagogin ist als Unterstützung und Hilfestellung im Raum. Es ist hier nicht von Nöten den Kindern mehr als zu assistieren. Da die Kinder ihre eigenen Erfahrungen machen sollen, wäre es schädlich ihnen zu viel Hilfe zu geben. Bei Regelübertritten, die nicht von den Kindern auf friedliche Art geklärt werden können, sollte die Pädagogin einschreiten.

Wenn Kinder ziellos erscheinen, darf sie ihnen auch eine Arbeit anbieten, doch muss sie wissen wann sie sich zurückzieht.

Das Kind wird nicht in seiner Arbeit unterbrochen, gestört, oder korrigiert. Bei Fehlern denkt die Pädagogin über sich und ihre Darbietung nach. Denn wenn das Kind etwas bei der ersten Darbietung übersehen hat, liegt dies nicht immer am Kind. Geduldig und nie gereizt zeigt die Pädagogin, dann den nicht verstandenen Schritt ihrer Erklärung und zeigt ihn nochmals.

Die Pädagogin führt genaue Aufzeichnungen über die Entwicklungsprozesse der Kinder und deren Materialwahl, um die Vorbereitete Umgebung den Bedürfnissen der Kinder besser anpassen zu können.

„Das ganze bewusste Streben des Kindes geht dahin, sich durch die Loslösung vom Erwachsenen und durch die Selbständigkeit zur freien Persönlichkeit zu entwickeln. Unsere Erziehung trägt diesem Streben Rechnung: und unser Bemühen ist es, dem Kind zu helfen, selbstständig zu werden."[9]

---

[9] Montessori Maria, Kinder sind anders, Herder, 1991, 273 ff

MEINE ERFAHRUNGEN

Ich versuche immer offen für die Wünsche und Bedürfnisse der Kinder zu sein. Ich biete auch gerne Materialien an, selbst wenn diese bereits am Vortag angeboten wurden, oder das Kind Fehler bei dessen Anwendung macht. Ich versuche so wenig wie möglich im Weg zu stehen und mit Aufmerksamkeit bei den Kindern zu sein. Ich bemühe mich, mich auf die Kinder so einzustellen, dass ich für jedes von ihnen das für es richtige Material zu finden.

„*...Nicht wir sind es die geben können, wir können nur pflegen, wir können von der frühesten Kindheit an helfen, indem wir immer diese Seele achten, die uns nicht gehört, und wir können dabei helfen, dass sie sich in Kontakt setzt mit der Quelle, die Liebe gibt, und versuchen kein Hindernis zu sein und behutsam und mit Demut vorzugehen, dort zu dienen, wo wir nicht erschaffen können!*"[10]

---

[10] Montessori Maria, Gott und das Kind, Herder, 1991 2. Aufl., S 95

2.2 Die freie Wahl der Arbeit

"Die Kinder in unseren Schulen sind frei, aber eine Organisation ist notwendig: eine sorgfältige Organisation, damit die Kinder frei sind zu arbeiten."[11]

Die Auswahl ob-, oder mit welchem Material das Kind arbeitet, liegt bei ihm. Dadurch hat es selbst die Verantwortung für die Wahl seiner Arbeit. Manche Kinder brauchen in der Anfangszeit im Kinderhaus/Schule noch etwas mehr Zeit, oder Anleitung bei der Wahl des Materials. Doch in keinem Fall wird dem Kind eine Arbeit vorgeschrieben noch wird es dazu genötigt.

Mit der Verantwortung der Entscheidung, wächst in dem Kind das Selbstvertrauen und das Selbstwertgefühl. Die Kompetenz, die Kinder für ihr Leben, durch diese vielleicht klein erscheinenden Entscheidungen, mitnehmen sind ausschlaggebend für ihre weitere Entwicklung. Sie erlangen mehr Sicherheit in ihren Entscheidungen und

---

[11] Montessori Maria, Das kreative Kind, Herder, 1991, S 220

übernehmen Verantwortung für ihre Taten
(Auch außerhalb des Kinderhauses/ Schule).

Wie lange sich Kinder einem Material widmen
ist ihnen selbst überlassen. Manche Kinder
sind nach einer Darbietung bereits zufrieden
und räumen das Material wieder weg, andere
arbeiten Stunden mit einem Material.
Die Dauer der Beschäftigung mit dem Material
ist meist abhängig von der Tagesverfassung
und dem Alter. Je älter die Kinder sind, umso
länger bleiben sie bei dem Material ihrer Wahl.

Kinder wählen Materialien, die ihren sensiblen
Perioden entsprechen.
Je nach Bedürfnis wählen die Kinder die
Materialien aus. Bei jungen Kindern habe ich
schon mehrmals beobachtet dass sie sich
immer wieder das gleiche Material holen, bis
sie davon richtig 'satt' geworden sind. Der
Gesichtsausdruck, den sie dann haben, wirkt
unglaublich zufrieden und ruhig.

Ich würde die Wahl des Materials nicht
anzweifeln, wenn ich weiß, dass dieses Kind
sich damit wohl fühlt. Wenn ich jedoch weiß
dass es bereits seine Fähigkeiten darüber
hinaus entwickelt hat, biete ich ihm ein

anderes Material an. Doch ich ziehe mich sofort zurück, wenn es dies ablehnt. Maria Montessori vertrat die Meinung, dass Kinder sich die Materialien nehmen, die die richtigen für sie sind und das kann ich nur unterstreichen.

"Der Aufbau des Charakters ist eine Eroberung. Hier liegt der Unterschied zwischen der alten und der neuen Erziehung. Wir wollen den Selbstaufbau des Menschen in der dazu geeigneten Periode unterstützen, um ihn die Möglichkeit zu geben, zu etwas Großem aufzusteigen. Die Gesellschaft hat Mauern und Barrieren errichtet.
Die neue Erziehung muss sie niederreißen und den freien Horizont zeigen. Die neue Erziehung ist eine Revolution ohne Gewalt. Nach ihr wird keine gewalttätige Revolution möglich sein."[12]

---

[12] Montessori Maria, das Kreative Kind, Herder, 1991, S 186 ff

Meine Erfahrungen

Ich habe schön öfters bei Kindern beobachtet, dass sie sich nicht für eine Arbeit entscheiden können. Ich biete ihnen gerne etwas an, von dem ich schätze, dass es sie in ihrer Entwicklung unterstützt. Auch wenn ich von den größeren, oft vor dem Fernseher sitzenden, Kindern darauf hingewiesen werde das sie das Material "Eh schon kennen". Auch wenn sie es nur einmal in Händen hielten um es zu putzen oder ähnliches. Wenn ich es jedoch schaffe diese Kinder zu etwas zu begeistern, sind sie oft von den Eltern in der Abholung schwer vom Material zu trennen. Doch manchen Kindern fällt die Wahl sehr leicht. Sie gehen sicher und zielstrebig auf ein bestimmtes Material zu. Diese Kinder sind meist noch jünger und/oder seit längerem im Kinderhaus.

Ich freue mich immer einem Kind ein Material anbieten zu dürfen oder ihm einen Tipp für die Material-Wahl zu geben, doch ich finde es am schönsten, wenn die Kinder voller Begeisterung zu einem Material gehen und mit ihm dann ihre Fähigkeiten ausbauen.

2.3 Die freie Wahl des Ortes

Die Kinder können in einem Montessorikinderhaus den Ort ihres Arbeitsplatzes frei wählen. Sie dürfen an Tischen und am Boden arbeiten. Wenn sie auf dem Boden arbeiten wollen, brauchen sie einen Teppich, der ihnen als Tischersatz zur Verfügung steht. Die Teppiche sind im Normalfall etwa einen Meter lang und einen halben breit. Die Kinder können so mit Materialien arbeiten, die auf dem Tisch keinen Platz hätten, oder zu Schwer sind. Der Teppich Symbolisiert für die anderen Kinder in der Gruppe die Grenze seines Bereiches, auf den niemand treten darf.
Wenn ein Kind am Tisch arbeitet kann es auch kleine Tischteppiche verwenden, die für Schüttübungen mit Wasser jedoch ungeeignet sind.

Manchmal muss man für Arbeiten auch in den (wenn vorhanden) Garten gehen.

Meine Erfahrungen

Ich habe festgestellt, dass etwas ältere Kinder, die frisch in das Kinderhaus kommen, dem Arbeiten auf dem Boden eher abgeneigt sind. Doch manche Materialien sind zu groß um mit ihnen gut am Tisch Arbeiten zu können. Ich zwinge niemanden am Boden zu arbeiten, doch bei manchen Materialien, ist es notwendig die Kinder darauf hin zu weisen, dass damit auf dem Boden gearbeitet wird. Diese Kinder zeigen sich dann meist verständig und holen sich entweder ein anderes Material, oder sie versuchen es (wenn meist auch skeptisch) auf dem Boden.

2.4 Freie Wahl des Partners

Die Kinder sind in ihrer Arbeit nicht dazu angehalten alleine zu arbeiten. Sie können sich untereinander verständigen und suchen sich Partner. So üben sie auch den Umgang mit Menschen und lernen mit einander zu reden. Manche Kinder arbeiten lieber alleine und auch das ist vollkommen in Ordnung. Wichtig ist das die Kinder keinen Partner aufgezwungen bekommen und sich in der Wahl nicht gedrängt fühlen. Sie lernen in dieser geschützten Umgebung ein höfliches Miteinander und werden deshalb oft von der Außenwelt als besonders freundlich erkannt. Die Freiheit in dieser Entscheidung ist in manchen Fällen für ein Kind schmerzhaft, da es abgewiesen wird, doch auch dies in ein wichtiger Lernprozess für das Kind.

MEINE ERFAHRUNGEN

Ich habe in der Zeit, in der ich mit Kindern arbeite, festgestellt, dass selbst die jüngsten Kinder mit einem oder mehreren Partnern zusammenarbeiten können. Selbst wenn die Kinder noch nicht sprechen können, verständigen sie sich mit ihrer Körpersprache so gut, dass sich selten Konflikte entwickeln. Wenn die Kinder die freie Wahl des Partners haben, sind sie wesentlich friedlicher, als mit einem "aufgezwungenen" Partner.

2.5 Polarisation der Aufmerksamkeit

Maria Montessori benennt so die tiefe Konzentration bei Kindern. Sie ist das was in der Arbeit mit den Kindern angestrebt wird. Kinder, die auf diese Art auf ihre Arbeit konzentriert sind, nehmen ihre Umgebung nicht mehr wahr und versinken in ihrer Arbeit.

Vorraussetzungen für eine Polarisation der Aufmerksamkeit sind:

- Beobachtung der sensiblen Phasen

-innere Leitfunktion der vorbereiteten Umgebung für die selbständige Entwicklung kindlicher Intellektualität und Personalität

-Die Freiheit der initiative

-Die Freiheit der Wahl

-unbedingtes Vertrauen des Erwachsenen zum Kind und seiner Arbeit

"...Gerade diese Erscheinungen haben meine Methode bekannt gemacht, nämlich die Aufmerksamkeit und Konzentration unserer

Kinder, ihre Disziplin, die Freude und die Heiterkeit, mit der sie ihre Arbeit tun, alles das überstieg die Erwartungen, die man sich von einem Experiment hätte machen können. Am Anfang des Weges steht also eine Entdeckung, die nicht, wie man gewöhnlich annimmt, die Frucht fleißiger Forschung war."[13]

---

[13] Montessori Maria, Grundlagen meiner Pädagogik, Quelle und Meyer, 9. Aufl., 2005, S.51

MEINE ERFAHRUNGEN

Die tiefe Konzentration von manchen Kindern
Beeindruckt mich jedes mal. Ein Bub von zwei
Jahren stand bei dem Waschbecken und hat
sich die Hände mit einem Stück Seife
eingeseift. Er sah total konzentriert aus und
sah nicht von seiner Arbeit auf. Ein anderes
Kind ist mit einem Tablett an ihm
vorbeigegangen und gestolpert. Die Reiskörner
verteilten sich über den Boden und ich half
dem Kind es aufzusammeln. Der Bub war
weiterhin vertieft in seine Arbeit und schien
den lauten Aufprall der gläsernen Gefäße zu
überhören. Erst als er fertig war und das
Handtuch auf den Ständer
neben dem Waschbecken gehängt hatte, sah er
sich erstaunt um und wirkte richtig verwirrt
über das Treiben hinter ihm.

3. Vorbereitete Umgebung

Die Vorbereitete Umgebung stellt den Kindern die Entwicklungsmaterialien zur Verfügung. Die Umgebung ist nicht starr, sondern passt sich den Bedürfnissen der Kinder an.

"Die Grundlage ist also nicht das Nachdenken darüber, wie man das Kind lehren oder erzieherisch beeinflussen kann, sondern wie man ihm eine Umgebung schaffen kann, die seiner Entwicklung förderlich ist, um es dann sich in dieser Umgebung frei entwickeln zu lassen.
Die Bedeutung der Umgebung für die Erziehung ist lange bekannt. Wir schaffen uns selbst auch immer eine Umgebung, die zu uns passt und die unserer Entfaltung beiträgt. Diese Umgebung formt uns ständig, wir passen uns ihr an, bilden uns um. Die Umgebung des Kindes ist ein wenig anders, da sie den Bedürfnissen des Kindes entsprechende geschaffen ist, sie soll es nicht beeinflussen, sondern sie soll mit seinen Bedürfnissen vollkommen im Einklang stehen."[14]

---

[14] Montessori Maria, Grundlagen meiner Pädagogik, Quelle

3.1 Ordnung in der Vorbereiteten Umgebung

"Der erste Schritt ist die Klassen in richtige kleine Kinderhäuser umzuwandeln und sie mit solchen Dingen auszustatten, die der Statur und den Kräften der hier beherbergten Wesen entsprechen: kleine Stühle, kleine Tische, verkleinerte Toilettengegenstände, kleine Teppiche, kleine Anrichtschränkchen, Tischtücher und Geschirr."[15]

Die Vorbereitete Umgebung ist immer von den Pädagogen ordentlich zu halten und zu pflegen. Es liegt an der Aufmerksamkeit der Pädagogin, wenn eine Unordnung aufkommt. Die Ordnung ist wichtig für die "Innere Ordnung" der Kinder. Besonders für die Kinder, die in der sensiblen Phase der Ordnung stecken, ist es von Nöten, ihnen eine entsprechende Umgebung zur Verfügung zu stellen.
Kaputtes Material wird sofort ausgetauscht. Wenn ein Kind damit arbeiten würde, könnte

---

und Meyer,9. Aufl., 2005, S.51
[15] Montessori Maria, Grundlagen meiner Pädagogik, Quelle und Meyer,9. Aufl., 2005, S.45

es nicht die beabsichtigten Erfahrungen mit dem Material machen.
Die Kinder können einen Teil der Pflege der Umgebung übernehmen, vorausgesetzt sie sind in der Verfassung dies zu tun. Sie können, wie durch die Übungen des Täglichen Lebens geübt, die Blumen gießen und zurechtstutzen, Staub wischen, oder Geschirr abtrocknen.

Die Umgebung in den Arbeitsräumen

Die Räume in denen sich die Vorbereitete Umgebung befindet, sollten auch auf die Kinder angepasst sein. Je jünger und dadurch kleiner die Kinder sind umso lieber haben sie kleinere Räume. Sie fühlen sich bei größeren Räumen oft unsicher und wirken leicht verschreckt.

Die Regale sind in Montessorikinderhäusern sind offen und auf die Höhe der Kinder angepasst. Die Kinder müssen selbstständig zu den Materialien kommen können, und ohne Hilfe ihr Ziel erreichen.
Meist sind die Regale schlicht gehalten, da diese nicht von den Materialien ablenken sollen.
"Das Kind das keine Hindernisse auf seinen Weg findet, entwickelt sich frei und offenbart sich in seiner Eigenart, in seinem Lebensrythmus. Es ist eine Psychologische Umgebung, die dem Lebensrythmus des kindlichen Seelenlebens Raum gibt zu seiner Ausbildung."[6]

---

[16] Montessori Maria, Grundlagen meiner Pädagogik, Quelle und Meyer, 9. Aufl., 2005, S.52

Nach Abschluss der Arbeit wird das Material von den Kindern auf seinen Platz zurückgestellt. Eine Ausnahme bilden junge Kinder, die ihre Arbeit noch nicht selbsttätig abschließen können.

Die Entwicklungsmaterialien müssen auf den Entwicklungsstand und die sensiblen Phasen der Kinder abgestimmt sein.
Da die Pädagogin eine genaue Beobachtungsliste für sich und das Kinderhausteam führt, kann sie mithilfe von Statistik, oder mehrfachen Beobachtungen das Materialangebot der Umgebung schnell den Bedürfnissen der Kinder anpassen.
Die Pädagogin ordnet das Material nach dessen Didaktischer Reihung und gibt somit den Kindern Überblick über das Folgematerial. Die Kinder müssen nicht lange suchen und so werden Ablenkungen umgangen, die durch längeres suchen entstehen könnten.

In jedem Kinderhaus sollte auch ein Ort für den Rückzug bereitgestellt werden. Eine Lese, oder Kuschelecke schafft für die Kinder einen Ort um sich entweder aus dem Geschehen zurückzuziehen, oder sich von ihrer Arbeit zu erholen.

PLATZ

Jedes Material hat seinen feststehenden Platz. Die Kinder müssen sich merken woher sie das Material haben und fördern so ihr räumliches Denken.
Die Hilfestellung von Fotos oder Schrift, ist eher hinderlich.

Angebot im Raum so dass Kinder während der Freiarbeit selbstständig auswählen und verwenden können. Die Regale stehen so in Raum, dass Kinder, die am Boden arbeiten nicht gestört werden, wenn andere Gruppenmitglieder an ihnen vorbei gehen, oder Material zurückbringen.

Der Arbeitsplatz des Kindes ist durch den Teppich am Tisch oder Boden oder durch Schreibunterlagen gekennzeichnet. Die Kinder werden durch die Pädagogin darüber informiert, dass in dieser Umgebung weder auf diesen Bereich des Kindes gegriffen, noch getreten wird.

MEINE ERFAHRUNGEN

Ich sorge in der Vorbereiteten Umgebung für Ordnung, indem ich in der Früh, bevor die Kinder, im Kinderhaus ankommen, durch die Räume gehe und alles nachkontrolliere. Die älteren Kinder helfen mir immer gerne wenn die Freiarbeit zu Ende ist, die Regale zu ordnen und putzen auch gerne die Regale mit mir.

3.2 Soziale Umgebung

Eine Angenehme und entspannte Atmosphäre ist ausschlaggebend für das konzentrierte Arbeiten der Kinder. Wenn die Kinder in ihren Arbeitsrhythmus verfallen, sind sie ruhig und stecken damit meist Kinder an die noch unruhiger sind. Die Pädagogin sollte sich immer in Geduld üben und mit ruhiger Stimme arbeiten, so verbessert sie die Atmosphäre.

"Die Demut und Geduld der Erzieherin, die Bewertung des Tuns mehr als bloße Worte, die Sinnesumgebung zum Beginn seelischen Lebens, das Schweigen und die Sammlung, die von den Kindern erreicht werden, die Reinheit, die der kindlichen Seele gegeben wird, sich zu vervollkommnen, die Sorgfalt, alles, was nicht gut ist, zu vermeiden oder zu verbessern, sogar einfachen Irrtum und geringe Unvollkommenheit, die Fehlerkontrolle, die mit meinem Entwicklungsmaterial verbunden ist, und die liebevolle Achtung vor dem inneren Leben des Kindes, all diese pädagogischen Grundsätze schienen diesen Priestern unmittelbar vom Katholizismus inspiriert zu sein."[17]

---

[17] Montessori Maria, Gott und das Kind, Herder 1991, S 40

REGELN

Die Regeln im Kinderhaus beziehen sich auf
das soziale zusammenleben
der Kinder und Pädagogen. (Rücksicht auf
andere Kinder und auf das Material, Material in
Ordnung halten, Hilfestellung für andere
Kinder lernen, Zurücknehmen lernen, was
Ruhe in die Gruppe bringt)
Regeln sind hier keine Bestrafung, sondern ein
Leitfaden, der den Kindern Sicherheit gibt. Die
Kinder folgen gerne den erklärten und
sinnvollen Regeln.

MEINE ERFAHRUNGEN

Ich versuche vor allem in der Gegenwart von Kindern auf mein Benehmen und Verhalten zu achten, da die Kinder oft Gesten und Wörter kopieren. Die Kinder lernen schnell die höflichen Rituale wie Begrüßen und Verabschieden, da sie es von den Pädagogen und den Eltern lernen.
Auch das einhalten von Regeln erscheint für sie dann sinnvoll, wenn auch die Pädagogin sich daran hält. (Zum Beispiel: nicht durch die Räume schreien,...)Denn schließlich sind die Regeln für alle im Kinderhaus da.

3.3 Die Rolle der Pädagogin in der Vorbereiteten Umgebung

Aufgabe des Lehrers, Erziehers

*Er muss das Kind, das arbeitet respektieren, ohne es zu unterbrechen.
Er muss das Kind, das Fehler macht respektieren ohne es zu korrigieren.
Er muss das Kind respektieren, das sich ausruht und die Arbeit anderer betrachtet, ohne es zu stören und ohne es zur Arbeit zu zwingen.*

Er muss aber unermüdlich sein, immer wieder denen Gegenstände anzubieten, die sie schon einmal abgelehnt haben und Fehler machen. Und dies, indem er in dem er seine Umgebung mit Sorgen belebt, mit seinem bedachten Schweigen, mit seinem sanften Wort, mit der Gegenwart jemandes der liebt.[18]

Die Vorbereitete Umgebung wird durch die Vorbereitete Pädagogin vervollständigt.

---

[18] Montessori Maria, Erziehung zum Frieden, Herder 1989, S156

Die Pädagogin spiegelt selbst einen Teil der Vorbereiteten Umgebung wieder und muss auch deswegen auf ihre eigene Ästhetik achten. Nicht zu grelle Farben der Kleidung und nicht ablenkende Schmuckstücke sollten getragen werden, da diese, die Kinder, leicht von dem Material abhält. Wenn die Pädagogin lange Haare hat, ist es besser sie zumindest bei Darbietungen zurückzubinden.

Auch Tücher sollten auf die Seite gelegt werden und weite Ärmel nach oben geschoben werden, da sonst die Darbietung unklar wird, oder die Arbeit stört. Die Pädagogin Sollte gepflegt sein, doch sich eher schlicht und angemessen kleiden.

"Die ganze Erziehung im zarten Kindesalter muss nach dem Grundsatz ausgerichtet sein, die nie normale Entwicklung des Kindes zu unterstützen."[19]

---

[19] Montessori Maria, die Entdeckung des Kindes, Herder 1989, S 160

Die Pädagogin respektiert das Kind so wie es ist. Sie drängt es zu nichts, was es nicht gerade für seine Entwicklung braucht oder will. Die Stimme der Pädagogin sollte ruhig und in einem freundlichen und ermunternden Tonfall gehalten sein.
Wenn die Pädagogin eine Auseinandersetzung zwischen mehreren Kindern bemerkt, schreit sie nicht durch dem Raum. Die Pädagogin sieht zu den betroffenen Kindern und wartet ab ob sie auf sie reagieren. Dann schlendert sie durch den Raum und sieht ab und zu, zu den Kindern. Meist wird dies bereits von den Kindern bemerkt und sie reagieren mit Zurücknahme. Die Pädagogin greift erst in den Konflikt ein, wenn die Situation zu eskalieren droht, oder die Kinder sich nicht selbst einigen können.
  Sie gibt den Kindern nur Vorschläge zur Lösung des Problems und zwingt ihnen keine eigenen Lösungen auf.

"...aber das soll nicht heißen, dass man das Kind nichts mehr lehren soll und das Kind allein lassen soll, damit es lernen kann. Zwischen diesen beiden Dingen gibt es einen Mittelweg, das heißt, dass man dem Kind helfen muss, aber man muss auch berücksichtigen, dass in ihm

etwas Großes, etwas reines liegt, das es zu Gott trägt.
...dass das Kind das die Frage selbst gelöst hat, indem es uns sagt was wir tun sollen. Das Kind hat in der Tat gesagt: "Helft mir es selbst zu tun!"..."[20]

---

[20] Montessori Maria, Gott und das Kind, Herder, 1991, S 81ff

GRENZEN

Regeln werden im Kinderhaus zusammen mit den Kindern aufgestellt. Und sind dazu da das Gruppenleben zu erleichtern. Die aufgestellten Regeln dienen den Kindern dazu Sicherheit zu geben. Die Regeln ermöglichen es allen Kindern sich in der Gruppe einzufinden.

Die Pädagogin setzt Grenzen und hält diese auch. Sie wird nicht böse, jedoch ist sie in ihrem Handeln konsequent und zeigt den Kindern so die Regeln auf.
Sie ist eine Orientierungshilfe für die Kinder und eine Stütze im Grenzen und Regeln Üben der Kinder. Sie setzt die Regeln des Kinderhauses durch und mit Liebe für die Kinder da, die an eine Grenze stoßen.
Doch niemals verwendet die Pädagogin Sätze wie: "Immer machst du..." oder: "Nie tust du..." da diese Sätze weder Respektvoll dem Kind gegen über sind, noch ihm die nötige Demut vermitteln.

RÜCKZUG

Wenn sich ein Kind zurückzieht oder ausruht, hält es die Pädagogin nicht dazu an sich eine Arbeit zu suchen. Sie respektiert das Tun des Kindes und zwingt es nicht dazu sich eine andere Beschäftigung zu suchen.

Auch die Pädagogin zieht sich zurück, wenn sie von dem Kind nicht mehr gebraucht wird. Sie bleibt für die Kinder immer ansprechbar und dreht dem Raum in denen die Kinder Arbeiten nicht den Rücken zu. Sie bietet ihre Hilfe an, doch sie respektiert es wenn ein Kind sie nicht braucht.
"auch Hilfe kann Hochmut sein"[21]

"Was manche Leute schockiert, ist, dass ich sage, wir sollten dem Kind dienen.
Die Bedeutung dessen ist recht unklar und vermittelt gewissen Menschen die Vorstellung, wir betrachteten das Kind als uns im Urteil und in anderen Punkten so überlegen, das wir uns ihm unterwerfen und gerade zu seine Dienstboten werden sollten. In der Tat ist hier ein Gedanke für die Nicht- Eingeführten zu

---

[21] Montessori Maria, das kreative Kind, Herder 1991 2. Aufl., S 249

undeutlich ausgedrückt. Was wir meinen ist, dass es in dem Kind eine göttlichen Schöpfungsanteil gibt und das wir diesem dienen sollten!"[22]

---

[22] Montessori Maria , Gott und das Kind, Herder 1991, S 74

Sprache

Die Pädagogin redet nur dann wenn es nötig ist. Die Kinder können durch zu viel reden abgelenkt werden.
Bei Darbietungen sollte die Pädagogin ihre Worte zählen, um nicht zu viele zu verwenden. Das Kind sollte sich ganz auf die Handlung konzentrieren können. Die Sprache ist bei den meisten Entwicklungsmaterialien nur eine Ergänzung, die die Pädagogin in Form von Sprachlektionen dem Kind vermittelt.
Während der Freiarbeit redet die Pädagogin nur leise, doch verständlich, mit den Kindern. Sie wird nicht laut, und ist so ein Beispiel für die Kinder im Umgang miteinander.
Wenn die Pädagogin mit einem Kind spricht geht sie auf seine Augenhöhe hinunter. Die Kinder reagieren besser auf sie und es ist ein Zeichen für Respekt dem Kind gegenüber. Wenn ein Erwachsener von oben hinab auf ein Kind einredet, kann es das Kind erschrecken und einschüchtern. Es erzeugt dann sofort eine Abwehrreaktion in dem Kind und es fühlt sich nicht mehr respektiert und wahrgenommen.

"... Die Art der Annäherung sollte die Beziehung von Beobachter/Teilnehmer zu Teilnehmer eine Bündnisbeziehung auf der Grundlage von

wechselnden Respekt und Vertrauen sein. Der Beobachter/Teilnehmer sollte sorgfältig ausgebildet sein. Er sollte Interesse für die Phänomene, die er beobachtet aufbringen und sie verstehen. Er sollte es zulassen können, dass sich Situationen frei entwickeln, auf Interventionen verzichten, wo sie unangebracht sind, und angemessen reagieren, wo das erforderlich ist. Seine Aktionen sollten von der Situation und ihren Zielen, nicht aber von seinen eigenen Impulsen und Wünschen bestimmt sein, die mit den betreffenden Prozessen in Widerstreit geraten können. Es sollte sein Ziel sein die Hindernisse, die den natürlichen Gang der Dinge hemmen, zu beseitigen, ihn fördernde Einsichten zu begünstigen und sie durchzuarbeiten zu helfen. Seine Einstellung sollte von Empathie, Kooperation und Geduld sein."[23]

---

[23] Montessori Maria, Erziehung zum Menschen, herder, 1991, 2. Aufl.

Fehler

"..aber auf jeden Fall darf sich der Lehrer nicht durch Loben, strafen, oder verbessern einschalten. Für viele Erzieher ist das ein falsches Prinzip, und sind immer in diesem Punkt gegen unsere Methode. Sie sagen: "Wie kann das Kind Fortschritte machen, wenn ihr nicht seine Fehler verbessert?" in der üblichen Erziehung ist es di grundlegende Aufgabe des Lehrers, sowohl auf moralischen sowie intellektuellen Gebiet zu verbessern. Die Erziehung bewegt sich in zwei Richtungen: entweder Lohn oder Strafe.
Aber wenn ein Kind Lohn und Strafe erhält, bedeutet das, dass es nicht die Energie hat um sich selbst zu lenken, und sich der ständigen Leitung des Lehrers unterordnet.
Der Lohn und die Strafe- die den spontanen Mühen der Entwicklung des Kindes fremd sind - unterdrücken und verletzen die Spontaneität des Geistes. Sie können daher in Schulen wie den unseren Platz haben, wo man die Spontaneität ermöglichen und verteidigen möchte. Kinder denen Freiheit gelassen wird, sind absolut indifferent gegenüber Lohn und Strafe."

Die Pädagogin weist ein Kind nicht sofort auf

seinen Fehler hin, sondern wartet für einen Moment ab. Meistens merken die Kinder von selbst, das etwas nicht stimmt. Wenn sich ein Kind laut durch den Raum Bewegt, obwohl eine gewisse Ruhe ausgemacht ist, reicht meist ein Blick, nicht strafend aber stark genug um Aufmerksamkeit zu signalisieren, um die Regel ihm ins Gedächtnis zu rufen.

Wenn ein Kind bei einem Material einen Fehler macht, nimmt sich die Pädagogin zunächst zurück, da sich Kinder auch einfach irren können, obwohl sie die Vorgangsweise sicher beherrschen. Sollte dies nicht der Fall sein, wiederholt die Pädagogin die Schritte der Darbietung und erzeugt keinen Leistungsdruck auf das Kind.

Die Pädagogin Lobt das Kind nicht. Sie anerkennt seine Leistungen, aber sie ist voller Demut dem Kind und seiner Entwicklung gegenüber. Das Lob gibt dem Kind ein Gefühl von Ohnmacht und macht es abhängig vom Erwachsenen. Die Aufgabe des Erwachsenen in dem Kinderhaus ist, das Kind sich entfalten zu lassen und ihm nicht seinen Willen anzupassen.

MEINE ERFAHRUNGEN

Ich dachte immer mich könnte bei der Arbeit mit den Kindern in dem Kinderhaus könnte mich nichts mehr überraschen, da ich selbst mit dem Material groß geworden bin. Ich dachte nicht daran wie unterschiedlich jedes einzelne ist und wie Vielfältige Fähigkeiten ein jedes in die Gruppe bringt.
Ich bin immer wieder erstaunt wie viele Möglichkeiten die Arbeit mit dem Material bietet.
Ich bemühe mich immer sehr den hohen Erwartungen Montessoris zu entsprechen und übe mich in Geduld und Demut vor den Kindern.
Es ist nicht immer leicht die Grundsätze Montessoris richtig auszuführen, doch ich gebe mir Mühe dem Idealbild einer Pädagogin zu entsprechen.
Es ist für mich selbstverständlich, einem Kind die gleiche Achtung und den Respekt zu zollen wie einem Erwachsenen.

Ich versuche immer aufmerksam zu sein und auf die Bedürfnisse der Kinder einzugehen. Ich respektiere ihre Handlungsweise und versuche immer ein neutraler Vermittler in Streitfällen zu sein.

"...Und die Schwierigkeit liegt nicht darin, zu lehren, sondern diesem Wunsch zu entsprechen."[24]

---

[24] Montessori Maria, Gott und das Kind, Herder, 1991, S 95

4. Entwicklungsmaterialien

Die Materialien haben besondere Kennzeichen:

Das Merkmal der Ästhetik: Die Schönheit und Symmetrie der Materialien wird dadurch gekennzeichnet. Durch Pflege der Kinder und Pädagogen bleibt diese Eigenschaft erhalten.

Die Isolation der Eigenschaft: Zum Beispiel die Größe, Farbe, Höhe. Alle anderen Merkmale sind identisch.

Isolation des Sinnes: Konzentration auf einen bestimmten Sinn

Isolation der Schwierigkeit:
Das Entwicklungsmaterial kann im Schwierigkeitsgrad genau dem Entwicklungsstand und den Fähigkeiten des Kindes angepasst werden. Das Material sollte immer eine Herausforderung, jedoch keine Überforderung darstellen.

STUFEN DES TUNS:

1. Stufe
Handlungsorientiert:

- -ohne Interesse am Ergebnis - Es arbeitet um der Arbeit willen
- -es hat Freude am Tun
- -Freude an der Bewegung
- -Freude am Gegenstand

2. Stufe:
- Das Kind legt Wert auf die Genauigkeit und Vollständigkeit der Handlung

3. Stufe:
Ergebnisorientiert

- Das Ergebnis der Arbeit ist wichtig
- Das Kind achtet auf Ordnung und Pflege
- (Diese Ordnung entspricht nicht immer der Erwachsener)
- Anwendung der Fähigkeiten im Praktischen Leben

4.Stufe:
- Einsatz der Fähigkeiten für sich und die Gemeinschaft

"Die Entwicklung der Fähigkeiten der Hand ist beim Menschen mit der Entwicklung der Intelligenz verbunden..."[25]

---

[25] Montessori Maria, das kreative Kind, Herder ,1991, S135

4.1. DARBIETUNGEN

Sie erfolgen dann, wenn Kinder bereits Erfahrungen mit dem Material gemacht haben oder besonderes Interesse daran zeigen. Präzision und langsames Vormachen sind die Grundlagen jeder Darbietung. Genaue und deutliche Bewegungen sind ausschlaggebend. Dabei wird so wenig wie möglich gesprochen. Die Leiterin zeigt in der Regel den vollständigen Ablauf einer Materialübung, so das das Kind den geschlossenen Ablauf der Handlung erfährt. Hat das Kind die Lektion verstanden, übernimmt es die Tätigkeit und die Leiterin beobachtet es aus einer gewissen Entfernung.

Introvertierte Kinder werden bei ihrer Tätigkeit von der Leiterin angeregt und ermutigt, aber nicht gezwungen, die Materialübungen zu wiederholen. Gute Darbietungen im richtigen Augenblick eröffnen dem Kind neue Erkenntnisse und Fertigkeiten.

Es gibt natürlich auch Gruppendarbietungen, wenn mehrere Kinder an einem Material interessiert sind. Wenn sich jedoch ein Kind das Material ausgesucht hat und andere Kinder ebenfalls zusehen möchten, sind sie Zuschauer und werden von der Pädagogin (freundlich, aber bestimmt) darauf hingewiesen sich entsprechend zu verhalten.

MEINE ERFAHRUNGEN

Ich konzentriere mich bei Darbietungen auf meine Hände und das Material, doch ich behalte das Kind immer im Augenwinkel und beobachte seine Reaktionen. Sollte es dazwischen greifen, bleibe ich freundlich, doch ich weise es darauf hin, dass ich nun mit dem Material arbeite, und es, das Material gerne haben kann wenn ich fertig bin.
Das Material übergebe ich nie im "halb -fertigen" Zustand. Wenn ich es zwischendurch übergebe, dann bringe ich es wieder auf den Ausgangszustand.

DREISTUFENLEKTION[26]

1. Stufe: Benennen durch den Erwachsenen
   ("Das ist...")

2. Stufe: Wiedererkennen:
   Der Begriff wird von der Pädagogin
   noch einmal genannt, das Kind erkennt
   den dazu passenden Gegenstand
   ("Zeig mir den...", "Gib mir das...")

3.Stufe: Aktive Beherrschung des Begriffs
   Das Kind kann den Gegenstand
   benennen ("Was ist das?",
   "Weißt du noch was das ist?")

---

[26] Montessori Maria, Die Entdeckung des Kindes, Herder. 9.Aufl, 1989, S 278

Meine Erfahrungen

Wenn das Kind das Material erforscht hat gebe ich ihm auch Worte hinzu. Ich nehme mir für diese Lektionen Sinnesmateriale, da es mir bei ihnen am Sinnvollsten erscheint. Zuerst erkläre ich den Begriff und warte die Reaktion ab. Manche Kinder zeigen gar keine Regung, und benennen einige Tage später das Material, andere hören sich die Begriffe an und versuchen sie nachzusprechen.
An einem anderen Tag, frage ich nach den Gegenständen, doch ich verpacke meine Frage so, dass das Kind nicht unter Druck gebracht wird. Sollte ich mich geirrt haben, und das Kind weiß es nicht wiederhole ich die erste Stufe.
Auch bei der dritten Stufe ziehe ich mich sofort zurück, wenn das Kind noch nicht so weit war.

Die weiteren Formen der Dreistufenlektion sind die Steigerungsformen und das vergleichen. Bei der Steigerungsform nehme ich mir ein Material, wie zum Beispiel die roten Stangen, dass markante Unterschiede in der benannten Eigenschaft aufweist. Dort beginne ich die Lektion genauso wie das benennen von Gegenständen.

1. Stufe: "Das ist lang, das ist länger, das ist am längsten."
2. Stufe: "Zeig mir das längste.., gib mir das längste...,"
3. Stufe: "Weißt du noch was das ist?"

Die Vergleichform ist genauso aufgebaut:

1.Stufe: "Das ... ist länger als das ..."
2.Stufe: "Welches ist länger als..."
3.Stufe: "Weißt du noch welches länger ist als..:"

SELBSTKONTROLLE

Das Montessori Material enthält die Möglichkeit der Selbstkontrolle. Das Kind kann selbst seine Fehler erkennen und korrigieren. Damit wird die Unabhängigkeit vom Erwachsenen gefördert.

MEINE ERFAHRUNGEN

Im Kinderhaus macht die Fehlerkontrolle beim Beispielsweise Sinnesmaterial keinen Sinn. Die bunten Punkte auf den Druckzylindern würden nur vom eigentlichen Ziel ablenken und das Material verliert die Isolation der Eigenschaften.
Bei dem Mathematik Material finde ich die Fehlerkontrolle für die Kinder hilfreich und für die Selbstständigkeit wichtig.

DIE ENTWICKLUNGSMATERIALIEN TEILEN SICH IN DREI GRUPPEN:

- Materialien zu den Übungen des täglichen Lebens

- Materialien zur Sinnesschulung

- Didaktische Materialien zu
    - Sprache
    - Schrift
    - Mathematik
    - Kosmische Erziehung

4.2. Übungen des täglichen Lebens

In den ersten Lebensjahren haben Kinder einen großen natürlichen Bewegungsdrang. Sie wollen ihren Körper im Raum bewegen, mit den Dingen ihrer Umgebung vertraut werden und sinnvolle Tätigkeiten ausführen. Sie stehen meist in der sensiblen Phase für Bewegung. Zuerst sind die Bewegungen unkoordiniert. Der natürliche Bewegungsdrang dient der Koordination der Bewegung.
Die Übungen des täglichen Lebens helfen dem Kind, seine Bewegungen zu ordnen. Für die Bewegungserziehung ist eine vorbereitete Umgebung wichtig. Die Einrichtungsgegenstände müssen in Größe und Handlichkeit den kindlichen Dimensionen angemessen sein. Mit den Übungen des täglichen Lebens werden die Koordination und die Verfeinerung der Bewegung gefördert.
Es sind Übungen wie Wassergießen, Bohnen schöpfen, Sand schütten, Maschen binden, Blumen pflegen, Schuhe putzen usw.
Maria Montessori wählte Übungen des täglichen Lebens die aus der häuslichen Umgebung des Kindes stammen. Kinder lieben besonders Tätigkeiten, die im täglichen Leben und im Haushalt vorkommen wie Umgang mit

Wasser, Öffnen und Schließen, Tragen, Schneiden, Abwaschen, Boden wischen, Bügeln usw. Bei diesen Tätigkeiten der Kinder kann man Stufen des Tuns beobachten. Für jüngere Kinder haben diese Tätigkeiten Selbstzweck; sie wischen um des Wischens willen, ohne das Resultat direkt anzuzielen und am Ergebnis interessiert zu sein - lediglich aus Freude am Tun, an der Bewegung und am Gegenstand (1.Stufe). Später legen die Kinder Wert auf Genauigkeit und Vollständigkeit der Handlung (2.Stufe). Erst für ältere Kinder wird das Ergebnis des Tuns wichtig. Sie achten auf die Ordnung in ihrer Umgebung und deren Pflege. Sie wenden die bei den Übungen erworbenen Fähigkeiten im praktischen Leben an (3.Stufe). Die Leiterin führt die Bewegungen der Übungen bei der Darbietung ganz langsam aus und mit größter Genauigkeit, damit das Kind die Handlung genau sieht.

Die Ziele der Übungen des täglichen Lebens :
- sie lenken und befriedigen den Bewegungsdrang des Kindes und koordinieren

- Geist und Bewegung

- sie fördern die Unabhängigkeit des Kindes vom Erwachsenen, seine Selbständigkeit

- seine Sicherheit und sein Selbstwertgefühl

- sie entwickeln ein Verantwortungsbewusstsein für die Umgebung und bilden gleichzeitig eine innere Ordnung

Die Übungen des täglichen Lebens helfen also beim Aufbau der Person und ermöglichen ein Leben in der Gemeinschaft.

"Es ist so einfach, einem kleinem Kind die Handlungen des täglichen Lebens in langsamen, ruhigen Bewegungen vorzumachen, und der Erfolg wird sein, im frühesten Alter allein isst, sich wäscht, sich allein anzieht und ein glücklicher zufriedener Mensch wird."[27]

---

[27] Montessori Maria, Grundlagen meiner Pädagogik, Quelle und Meyer, 9. Aufl. 2005, S 13

Meine Erfahrungen

Ich habe an einem Morgen den Geschirrspüler ausgeräumt und ein Mädchen, dass mir zugesehen hat, ersucht das Geschirr abzutrocknen. Als die anderen Kinder das bemerkt haben, wollten sich auch mithelfen. Jetzt ist es ein morgendliches Ritual den Geschirrspüler auszuräumen.

4.3. Übungen des sozialen Lebens

Die Übungen helfen dem Kind eine Einsicht in die Vielfalt der sozialen Umgangsformen zu erlangen und sie im Alltag anzuwenden. Sie werden als Gruppenarbeit in Form von Rollenspielen und Gesprächen über Begebenheiten aus dem Leben bewusst gemacht. z.B.

- um etwas bitten,
- sich bedanken,
- Formen des Grüßens,
- Tragen von Gegenständen,
- Weiterreichen von Gegenständen,
- Öffnen und Schließen von Türen.

Es sind Übungen, die in der täglichen häuslichen Umgebung des Kindes vorkommen. Das Kind möchte am familiären Leben tätig teilnehmen.
Dies soll ihm durch Hilfestellungen ermöglicht werden, zum Beispiel bei der eigenen Pflege (sich waschen, anziehen), beim Kontakt zu anderen (jemanden begrüßen, einen Stuhl anbieten) und bei der Umweltpflege (ordnen und säubern von Gebrauchsgegenständen, Blumen- und Tierpflege, Gartenarbeit).

MEINE ERFAHRUNGEN

Die Kinder lernen auch die Übungen des sozialen Lebens schnell. Im Kinderhaus haben wir einen großen Jausentisch auf dem sich die Kinder ihre Jause in Form eines kleines Buffets selbst zusammenstellen und dann auch essen. Am Anfang helfe ich den jüngeren Kindern (wenn es erwünscht ist) beim holen der Teller, die sie zum Essen benötigen.

Diese Kinder mittlerweile groß und selbstständig genug um sich ihre Teller selbst zu holen. Ein Mädchen dem ich auch geholfen habe, bringt jetzt immer mir Teller wenn ich mich zum Tisch setzte.

Die anderen Kinder machen voller Begeisterung mit, und verteilen in einer erstaunlichen Ordnung die Teller untereinander.

4.4. Sinnesmaterial

Diese Materialart fördert die Entwicklung der Sinne.

Das besondere Merkmal dieses Materials ist die Isolierung
- der Sinne (z.B. Geschmackssinn)
- der Eigenschaften der Dinge (z.B. Größe, Dicke)
- der Schwierigkeiten im Umgang damit (z.B.ordnen, paaren)

Das Sinnesmaterial ist konsequent auf eine Sinneswahrnehmung ausgerichtet, d.h. die Beschäftigung mit diesem Material erfolgt hauptsächlich akustisch, visuell, mit dem Geruchs- oder Geschmackssinn oder durch Ertasten und Fühlen. Der Tastsinn ist nicht nur für Oberflächen oder Strukturen wichtig, sondern auch verantwortlich für das Empfinden von Schmerz oder Wärme.

MEINE ERFAHRUNGEN

Ich beobachte immer wieder gerne wie die Kinder ihre Sinne mit den Sinnesmaterialien verfeinern. Die Kinder vertiefen sich in die Arbeit und ich merke wie sie die neuen Erfahrungen in sich aufnehmen. In ihrem Verhalten spiegelt sich die Sinnesentwicklung. Die Kinder haben mehr Fingerspitzengefühl und gehen noch feinfühliger miteinander um.

STILLEÜBUNGEN

Übungen der Stille

Die Leiterin bittet die Kinder, sich hinzusetzen und sagt etwas wie: "wir sind jetzt ganz still. Der Mund ist still, die Hände sind still ...wir bewegen uns nicht". Wirkliche Stille kann nicht aufkommen ohne innerliches Stillewerden und die Stilleübungen sind nur sinnvoll, wenn die Kinder diese Übungen freiwillig mitmachen. In der Stille hören die Kinder einzelne Geräusche oder Töne wie das Ticken der Uhr, den Regen, einen Vogel usw.

Ziele der Übungen der Stille sind z.B.
- das Beherrschen der Bewegung
- das Erfahren großer Stille
- das Wahrnehmen leiser Geräusche
- das Einfügen in die Gemeinschaft

Diese Übungen dienen aber nicht zur Überwindung von augenblicklicher Unruhe oder Unordnung, im Gegenteil, ist es wichtig, diese Übungen dann anzubieten, wenn die Kinder durch andere Tätigkeiten des täglichen Lebens zu einer gewissen Ordnung gekommen sind und freiwillig Stilleübungen mitmachen.

BEWEGEN IN DER STILLE

Gehen auf der Linie

Maria Montessori hat beobachtet, dass Kinder mit Freude und großem Interesse über Balken, Steinkanten, niedrige Mauern balancieren und sich dabei konzentrieren.

Im Kinderhaus ist auf dem Boden eine ellipsenförmige Linie aufgemalt; die sogenannte "Linie". Die Leiterin zeigt langsam und genau, wie man auf der Linie einen Fuß vor den anderen setzt und dieser Linie entlang geht. Die Kinder gehen ebenfalls langsam und zu leiser Musik der Linie entlang. Die Kinder versuchen, genau auf die Linie zu treten. Die Leiterin kann die Übung weiter ausbauen, indem sie den Kindern beim Vorbeigehen einen Gegenstand in die Hände gibt. Z.B. eine Glocke, eine Blume, ein mit Wasser gefülltes Glas usw. Beim Tragen der Gegenstände wird die Aufmerksamkeit nicht nur auf die Füße gerichtet, sondern auch auf die Hand, die den Gegenstand hält.

Beim "Gehen auf der Linie" achten die Kinder auf das Einhalten des gleichen Abstandes, damit sie nicht an anderen Kindern anstoßen.

Ziele dieser Übung ist das verbessern des Gleichgewichtes, Koordination der Bewegung, Bewusstwerden des eigenen Körpers, Erfahren innerer Ruhe durch Konzentration.

Meine Erfahrungen

Wenn Kinder zu schnell unterwegs sind, was nicht immer absichtlich ist, gebe ich ihnen besonders schwere Dinge zum tragen in die Hände. Das bremst sie gut aus und sie werden ruhiger.

4.6. Mathematikmaterial

Maria Montessori sagt, Mathematik ist nicht ein schwieriges Sonderphänomen, sondern etwas, das zum Menschen gehört.
Überall wo Vergleiche gezogen, Serien gebildet werden, handelt es sich um Mathematik.
Wenn Kinder vergleichen, zählen, ordnen, messen usw. handelt es sich schon um Äußerungen des mathematischen Geistes.
Im Kinderhaus knüpft das Mathematikmaterial eng an das Sinnesmaterial an. Der Zahlenraum ist in 2 Gruppen unterteilt: zählen bis 10 und zählen ab 10.

Mit den rot-blauen Stangen zum Beispiel erwirbt das Kind die Zahlenbegriffe 1 bis 10 und lernt zählen.
Mit den Sandpapierzahlen lernt es die Ziffern kennen und verbindet den Namen und das Symbol der Zahlen von 0 - 9.
Weiterführendes Mathematikmaterial wird dem Kind gegeben, wenn es die Mengen im Zahlenraum von 1 bis 10 erkennen und zählen kann.

"Man sollte verstehen, das sich echtes Interesse nicht erzwingen lässt. Daher sind alle Erziehungsmethoden falsch, die auf

*Interessenzentren basieren, die von
Erwachsenen ausgewählt werden."*[28]

MEINE ERFAHRUNGEN

Wenn die Pädagogin Interesse und Begeisterung dem Material gegenüber zeigt, sind die Kinder auch lernwillig. Die Kinder haben kein Problem mit der Mathematik, wenn sie nicht von ihren Verwandten oder einem Erwachsenen in ihrem sozialen Umfeld, das Gefühl von Abneigung gezeigt bekommen. Da ich mich selbst für Mathematik interessiere, und gerne mit den Kindern in verschiedenen Zahlenräumen experimentiere, hatte ich bis jetzt nur ein Kind bei einer Darbietung, dass sich gegen die Mathematik gewehrt hat.

---

[28] Maria Montessori, Vorlesung Amsterdam 11.4. 1950, in: "Montessori", Heft ½, 1998, S. 10

4.5. Sprachmaterial

Maria Montessori hat sich intensiv der Sprachentwicklung und der Sprachbildung zugewandt. Sobald ein Kind geboren ist, wird es mit menschlicher Sprache konfrontiert. Es absorbiert die Sprache seiner Umgebung. Wenn dass Kind in den Montessori Kindergarten kommt, ist es noch mitten in der Sensiblen Phase des Spracherwerbs. Es hat einen großen Worthunger und will seinen Wortschatz vergrößern. Spracherziehung ist in einem Montessori Kinderhaus eine Selbstverständlichkeit.

Kinder ab 3 Jahren haben eine Sensitivität für Feinmotorik und interessieren sich für Zeichen und ihre Bedeutung. Die sehen ein P auf einer Parktafel oder ein M vor einem Lebensmittelgeschäft und möchten wissen, was dieses Zeichen heißt.
Mit den Sandpapierbuchstaben werden den Kindern, die danach verlangen, die Buchstaben gezeigt. Kennt das Kind einige Buchstaben, kann es mit dem beweglichen Alphabet (ein Kasten mit Buchstaben aus Holz od. Karton) Wörter legen und lautieren. Schon früh erwacht das Interesse des Kindes am Schreiben und Lesen. Die Spracherziehung hat ihre

Voraussetzungen in den Sprachlektionen mit dem Sinnesmaterial und den anderen Materialien und Tätigkeiten. Hier erwirbt das Kind Sprache und einen immer größeren Wortschatz in Verbindung mit konkreten Handlungen.

Für die Förderung der Sprachentwicklung ist das Sprachverhalten der Leiterin (korrekte Aussprache, richtige Wortwahl, grammatikalisch richtige Sätze) von großer Bedeutung. Geschichten erzählen, Sprach- und Sprechspiele, dem Kind aufmerksam zuhören, Bücher, Bildbetrachtungen, gemeinsame Gespräche, Lieder, Gedichte, usw. gehören zum Tagesablauf.

MEINE ERFAHRUNGEN

Ich habe mich jeden Morgen, wenn Felix (2,5 Jahre) in das Kinderhaus kam mit ihm in das Leseeck gesetzt und ihm aus einen Gedichtbuch, das er sich selbst ausgesucht hat, vorgelesen. Er sprach zu dieser Zeit kaum ein Wort, und deutete immer wieder auf sein Lieblingsgedicht, dass ich ihm mehrmals hinter einander vorlas.
Eineinhalb Monate später setzte er sich mit einem Mädchen in das Leseeck und legte sich das Gedichtbuch auf den Schoß. Ich wollte ihn gerade fragen ob ich vorlesen sollte, da hat er angefangen das Gedicht aufzusagen. Danach legte er das Buch weg. Das Mädchen bedankte sich bei ihm als würden sie das schon die ganze Zeit tun und ging in einen anderen Raum. Ich musste mich sehr zurückhalten, nicht sofort auf den Beobachtungsbogen zuzuspringen.

4.7. Kosmische Erziehung

Maria Montessori meint mit Kosmischer Erziehung dem Kind die Welt und die Kultur, in die es hineingeboren wird, näher zu bringen und ihm die Möglichkeit schaffen, alle Dinge darin kennenzulernen wie z.B. Menschen, Tiere, Pflanzen, Umwelt, Geographie, Geschichte, Kunst, Musik, Theater usw.

„Um eine Vorstellung davon zu geben, was wir unter ‚Kosmischer Erziehung' verstehen, muss kurz der Hintergrund dieser Frage berührt werden, d.h. die ‚Kosmische Theorie'. Diese kennt in der ganzen Schöpfung einen einheitlichen Plan, von dem nicht nur die verschiedenen Formen der Lebewesen, sondern auch die Entwicklung der Erde selbst abhängt."[29]

„ ... kosmische Erziehung, welche dem Kind eine Orientierung und Hilfe im Leben gibt. Denn diese Erziehung will das heranwachsende Kind auf die Aufgabe vorbereiten, die es im Erwachsenenleben erwartet, so dass es sich in seiner Umgebung wohl fühlen wird, in der es

---

[29] Montessori Maria, Spannungsfeld Gesellschaft -Kind-Welt, Herder, 1979, S 132

später als unabhängiges Wesen leben muss."[30]

Meine Erfahrungen

Wenn die Kinder und ich im Garten sind, untersuchen wir gemeinsam oft Pflanzen und Insekten mit Lupen, immer mit der Erinnerung, dass wir niemanden weh tun, weder Tier noch Mensch.
Die Kinder können aber auch Plastik Insekten untersuchen, die in der Vorbereiteten Umgebung stehen.
Auch mit Magneten experimentieren bereits die kleinsten und sind vom Magnetismus fasziniert.
Die Kinder sind auch begeisterte Tänzer und freuen sich über neue Tänze.

Die Kinder lernen mit den Materialien der Kosmischen Erziehung ihre Umwelt besser kennen und bekommen bereits indirekten Unterricht in den Naturwissenschaften.

---

[30] „Zusammenfassung der Vorlesung von Dr. Maria Montessori 14. April 1950", in: Montessori, Heft ½, 1998, S.19

5. Literaturverzeichnis

Montessori Maria, Die Entdeckung des Kindes, Herder, 1989, 9.Aufl.

Montessori Maria, Die Macht der Schwachen, Herder, 1998, 2.Aufl.

Montessori Maria, Grundlagen meiner Pädagogin, Quelle und Meyer, 1965 2005, 9.Aufl.

Montessori Maria, Das kreative Kind, Herder, 1991, 8. Aufl.

Montessori Maria, Schule des Kindes, Herder, 1991, 5. Aufl.

Montessori Maria, Gott und das Kind, Herder 1991

Montessori Maria, Von der Kindheit zur Jugend. - Freiburg/Br. 1973,

Montessori Maria, Kinder sind anders. Deutscher Taschenbuch Verlag1988

Montessori Maria, Kinder sind anders, Herder, 1991

Montessori Maria, Erziehung zum Menschen, Herder, 1991, 2. Aufl.

Montessori Maria, Vorlesung Amsterdam 11.4.1950, in: "Montessori", Heft ½, 1998

Montessori Maria, Spannungsfeld Gesellschaft -Kind-Welt, Herder, 1979

Harberl Herbert, Montessori Pädagogik, Beiträge zu Theorie und Praxis, Jugend und Volk 1994

Hildegard Holstiege , Modell Montessori, Herder, 1993, 7. Aufl.

Lore Anderlik, Ein Weg für alle! Leben mit Montessori, Verlag modernes Lernen-Dortmund, 1996, 4. Aufl. 2006